Die in Elsaß-Lothringen geltenden

Gesetze über das Fuhrwesen.

Uebersetzt und herausgegeben

im Auftrage des

Kaiserlichen Ober-Präsidiums.

Straßburg,
Verlag von Karl J. Trübner.
1877.

Die in Elsaß-Lothringen geltenden

Gesetze über das Fuhrwesen.

Uebersetzt und herausgegeben

im Auftrage des

Kaiserlichen Ober-Präsidiums.

Straßburg,
Verlag von Karl J. Trübner.
1877.

Vorbemerkung des Ober-Präsidiums.

Die vorliegende Sammlung der in Elsaß-Lothringen geltenden Gesetze über das Fuhrwesen ist, wie hiermit anerkennend bemerkt wird, der Thätigkeit der um die Bearbeitung der Elsaß-Lothringischen Gesetzgebung auch schon anderweitig verdienten Landgerichtsräthe Förtsch und Leoni zu verdanken. Ursprünglich sollte diese Sammlung lediglich einen Theil der allgemeinen Gesetzsammlung für Elsaß-Lothringen bilden, deren Herausgabe diesseits für nicht zu ferne Zeit in Aussicht genommen ist. Daß dieselbe schon gegenwärtig und besonders erscheint, ist durch die in der Sitzung des Landesausschusses vom 31. Mai d. J. geäußerten Wünsche veranlaßt.

Straßburg, im November 1876.

Inhalts-Verzeichniß.

Seite.

A. Gesetze und Verordnungen, deren Geltung sich auf ganz Elsaß-Lothringen erstreckt:
1. Französisches Strafgesetzbuch (Code pénal), Art. 475. Nr. 3, 4; 476; 478 7
2. Verordnung vom 13. August 1810 9
3. Gesetz vom 30. Mai - 8. Juni 1851 11
4. Verordnung vom 10. August 1852 21
5. Verordnung vom 24. Februar 1858 33
6. Verordnung vom 29. August 1863 34
7. Strafgesetzbuch für das deutsche Reich. § 366, Nr. 2-5 . . . 36
8. Gesetz über das Postwesen des deutschen Reichs vom 28. Oktober 1871. §§ 16-23 37

B. Verordnungen der Präfekten und Bezirkspräsidenten*.
I. Bezirk Lothringen:
1. Beschluß des Präfekten des Mosel-Departements vom 24. Mai 1854 41
2. Beschluß des Präfekten des Mosel-Departements vom 13. Dezember 1859 42
3. Verordnung des Bezirkspräsidenten vom 2. Juni 1872 . . 44
II. Bezirk Ober-Elsaß:
1. Beschluß des Präfekten des Ober-Rhein-Departements vom 20. März 1852 48
2. Beschluß des Präfekten des Ober-Rhein-Departements vom 29. Mai 1858 49

* In dem früheren Departement Nieder-Rhein, sowie in dem heutigen Bezirke Unter-Elsaß sind besondere Verordnungen über das Fuhrwesen Seitens der Präfekten und Bezirkspräsidenten nicht ergangen.

A. Gesetze und Verordnungen

deren Geltung sich auf ganz Elsaß-Lothringen erstreckt.

Französisches Strafgesetzbuch.

(Code pénal.)

Polizeiübertretungen und Strafen.

Art. 475. Mit einer Geldstrafe von 4 Mark 80 Pfennig bis zu 8 Mark einschließlich werden bestraft:

3. Die Frachtfuhrleute Kärrner und Führer von Wagen jeder Art oder die Führer von Lastthieren, welche den Reglements zuwiderhandeln, nach welchen sie verpflichtet sind, sich beständig in der Nähe ihrer Pferde, ihrer Zug- oder Lastthiere und ihrer Wagen zu halten, und zwar so, daß sie im Stande sind, dieselben zu lenken und zu führen; nur eine Seite der öffentlichen Straßen oder Wege einzunehmen; vor allen andern Fuhrwerken auszuweichen oder sich bei Seite zu stellen, und bei ihrer Annäherung wenigstens die Hälfte der Straßen, Landstraßen, Heerstraßen und Wege freizulassen*.

4. Diejenigen, welche veranlassen oder geschehen lassen, daß ihre Perde, ihre Zug-, Last- oder Reitthiere im Innern eines bewohnten Orts umherlaufen, oder welche die über das Laden, gegen das allzuschnelle Fahren oder die schlechte Führung der Fuhrwerke getroffenen reglementarischen Bestimmungen übertreten**.

* Der kleingedruckte Theil war theilweise schon durch die Artikel 9, 14 und 34 der Verordnung vom 10. Aug. 1852 beseitigt und ist es heute ganz durch § 366 Nr. 2 und 5 St.-G.-B. — Zu der noch geltenden Bestimmung vergl. unten den Beschluß des Präfekten des Ober-Rhein vom 20. März 1852.

** Der kleingedruckte Theil des ersten Satzes ist durch § 366 Nr. 5 St.-G.-B. ersetzt; soweit die Bestimmung unter Nr. 4 noch in Geltung ist, beschränkt sich ihre Anwendbarkeit auf die Uebertretung von Verordnungen der Bezirkspräsidenten und Bürgermeister, welche entweder das Fuhrwesen auf andern Straßen als denjenigen, welche vom Gesetz vom 30. Mai 1851 und der Verordnung vom 10. Aug. 1852 betroffen werden, zum Gegenstande haben, oder welche Punkte regeln, die durch das Gesetz von 1851 und die auf Grund desselben ergangenen Verordnungen nicht vorgesehen sind.

Diejenigen, welche den Bestimmungen der Verordnungen und Reglements zuwiderhandeln, die zu ihrem Gegenstande haben: die feste Bauart der öffentlichen Wagen; — ihr Gewicht; — die Art und Weise ihrer Ladung; — die Zahl und die Sicherheit der Reisenden; — die im Innern der Wagen anzubringende Angabe der Zahl und des Preises der Plätze; — die außen anzubringende Angabe des Namens der Eigenthümer.

476. Es kann je nach den Umständen außer der im vorhergehenden Artikel angedrohten Geldstrafe auf Haft bis zu 3 Tagen erkannt werden gegen die auf einer Uebertretung betroffenen Frachtfuhrleute, Kärrner, Kutscher und Condukteure; gegen diejenigen, welche den Reglements zuwiderhandeln, die zu ihrem Gegenstande haben sei es das allzuschnelle Fahren, die schlechte Führung oder die Beladung der Wagen oder Thiere, sei es die feste Bauart der öffentlichen Wagen, ihr Gewicht, die Art ihrer Ladung, die Zahl und die Sicherheit der Reisenden.

478. Im Rückfalle ist gegen alle im Art. 475 erwähnten Personen stets auf Haft bis zu 5 Tagen zu erkennen.

Kaiserliche Verordnung

vom 13. August 1810

betreffend das Verfahren, wenn Ballen, Kisten, Koffer, Packete oder andere Gegenstände, welche Fracht- oder öffentlichen Personenfuhrwerks-Unternehmern anvertraut sind, nicht binnen 6 Monaten nach ihrer Ankunft am Bestimmungsorte abgefordert worden sind.

Art. 1. Ballen, Kisten, Koffer, Packete und alle anderen Gegenstände, welche Fracht- oder öffentlichen Personenfuhrwerks-Unternehmern zu Wasser oder zu Lande zur Beförderung innerhalb des Reichs anvertraut worden sind, sollen, wenn sie nicht binnen 6 Monaten, vom Tage der Ankunft am Bestimmungsorte an gerechnet, abgefordert werden, auf Betreiben der Enregistrements-Verwaltung und nach Erfüllung nachstehender Förmlichkeiten öffentlich versteigert werden.

2. Nach Ablauf der eben bezeichneten Frist haben die Fuhrwerks-Unternehmer den Enregistrements-Behörden ein Verzeichniß derjenigen Gegenstände zu überreichen, auf welche die Voraussetzung des Art. 1 zutrifft.

3. Der Friedensrichter hat in Gegenwart des Enregistrements-Einnehmers und der Fuhrwerks-Unternehmer die Ballen, Felleisen, Kisten und Packete zu öffnen und zu inventarisiren.

4. Die Enregistrements-Behörden erlassen, einen Monat vor der Versteigerung der nicht abgeforderten Gegenstände, in den öffentlichen Blättern eine Bekanntmachung, welche Tag und Stunde des Verkaufs und außerdem einige Angaben enthalten soll, durch welche die Eigenthümer in den Stand gesetzt werden, die Sachen als ihr Eigenthum wiederzuerkennen und abzufordern.

5. Ueber den Erlös dieser Verkäufe wird eine besondere Rechnung geführt, für den Fall, daß in einer neuen Frist von zwei

Jahren, vom Tage des Verkaufs an gerechnet, begründete Ansprüche erhoben würden.

6. Die Beamten der Enregistrements-Verwaltung und diejenigen der indirekten Steuern werden ermächtigt, zur Prüfung der Richtigkeit der oben vorgeschriebenen Verzeichnisse sowohl als zu deren Berechtigung die von den Unternehmern zu haltenden Register einzusehen.

Gesetz

vom 30. Mai — 8. Juni 1851

über die

Polizei des Frachtfuhrwerks und des öffentlichen Personenfuhrwerks.

Titel I.

Voraussetzungen für den Verkehr mit Wagen.

Art. 1. Die Wagen, mögen sie in Federn hängen oder nicht, welche zur Beförderung von Personen oder Waaren dienen, dürfen auf den Staatsstraßen, den Bezirksstraßen und den Vicinalstraßen I. Classe fahren, ohne irgend welchen Beschränkungen in Bezug auf ihr Gewicht oder die Breite der Radfelgen unterworfen zu sein*.

2. Kaiserliche Verordnungen bestimmen:

§ 1. Für alle Fuhrwerke:

1. Die Form der Naben, die größte zuläſſige Länge der Achsen und wie weit dieselben über die Naben hinaus vorspringen dürfen;
2. Die Form der Radreife;
3. Die Form der Reifnägel;
4. Die Vorschriften, welche in Bezug auf den Ort des Anbringens, sowie den Umfang des durch Art. 3 vorgeschriebenen Schildes zu beobachten sind;
5. Die höchste zuläſſige Zahl von Pferden, welche ein Gespann enthalten darf, um die Polizei oder den freien Verkehr auf den Straßen nicht zu beeinträchtigen;

* Nur auf die in diesem Artikel genannten Straßen beziehen sich die Bestimmungen dieses Gesetzes sowie der auf Grund desselben ergangenen Verordnungen.

6. Die Maßregeln, welche behufs Regelung des Verkehrs während der Dauer von Thauwetter, und die Vorsichtsmaßregeln, welche zum Schutze der Hängebrücken zu nehmen sind.

§ 2. Für Fuhrwerke, welche nicht zur Personenbeförderung dienen:

1. Die zulässige Breite der Ladung;
2. Die Breite der Pferdekummete;
3. Die verschiedenen Arten des Hemmwerks;
4. Die Zahl der Fuhrwerke, welche zu einem und demselben Wagenzug vereinigt werden dürfen, den Zwischenraum, welcher von einem Wagenzug zum andern frei bleiben muß, und die zur Führung eines Wagenzuges erforderliche Anzahl von Fuhrleuten;
5. Die übrigen Polizeimaßregeln für die Fuhrleute, namentlich betreffend das Halten auf den Straßen, und die Regeln, welche beim Ausweichen oder beim Vorfahren gegenüber andern Fuhrwerken zu beobachten sind. — Frei von jeder Beschränkung betreffend die Breite der Ladung sind die Wagen der Landwirthe, welche dazu dienen, Ernteerzeugnisse von dem Hause in das Feld und vom Felde in das Haus oder auf den Markt zu verbringen.

§ 3. Für die öffentlichen Personenfuhrwerke:

1. Die Vorschriften, betreffend die feste Bauart und Dauerhaftigkeit der Wagen;
2. Die Art des Ladens, Führens und Sperrens der Wagen;
3. Die Anzahl der Personen, welche dieselben aufnehmen dürfen;
4. Die Aufsichtsmaßregeln für Umspannstationen;
5. Die übrigen Polizeimaßregeln für die Condukteure, Kutscher oder Postillone, namentlich betreffend das Ausweichen oder Vorfahren gegenüber andern Wagen.

3. Jeder Wagen, welcher auf den Staats-, Bezirks- und Vicinalstraßen I. Classe fährt, muß mit einem Schilde versehen sein, welches dem Modell entspricht, das durch Kaiserliche Verordnung auf Grund des Art. 2 § 1 Nr. 4 festgesetzt wird.

Ausgenommen von dieser Bestimmung sind:

1. Privatfuhrwerke, welche zur Personenbeförderung dienen, aber nicht im Dienst einer öffentlichen Personenbeförderungs-Anstalt sind;
2. Die Briefpost- und alle andern der Postverwaltung gehörenden Wagen;
3. Die der Kriegs- und Marine-Verwaltung zugehörenden Artillerie-Fuhrwerke, Munitions-, Proviant- und Gepäckwagen. — Durch Kaiserliche Verordnung werden die besondern Kennzeichen bestimmt, welche die in den §§ 2 und 3 bezeichneten Fuhrwerke tragen, und die Legitimationspapiere, mit welchen die Fuhrleute versehen sein müssen;
4. Die Fuhrwerke, welche zur Bebauung des Feldes, zur Verbringung der Feldfrüchte, zur Bewirthschaftung der Ackergüter dienen, und welche von dem Hause auf das Feld oder von dem Felde nach dem Hause fahren, oder welche dazu verwendet werden, die geernteten Gegenstände von dem Orte, wo sie gewonnen worden sind, nach demjenigen zu verbringen, wo sie der Landwirth zur Aufbewahrung oder Bearbeitung niederlegt oder ansammelt.

Titel II.

Strafbestimmungen.

Art. 4. Jede Uebertretung von Bestimmungen, welche auf Grund des Art. 2 § 1 Nrn. 1, 2, 3, 5 und 6 und § 2 Nrn. 1, 2 und 3 erlassen sind, wird mit einer Geldstrafe von 4 bis 24 Mark bestraft.

5. Jede Uebertretung von Bestimmungen, welche auf Grund des Art. 2 § 2 Nrn. 4 und 5 erlassen sind, wird mit einer Geldstrafe von 4 Mark 80 Pfennig bis zu 8 Mark und mit Haft bis zu 3 Tagen bestraft. Im Rückfalle kann die Geldstrafe bis zu 12 Mark und die Haftstrafe bis zu 5 Tagen erhöht werden.

6. Jede Uebertretung von Bestimmungen, welche auf Grund des Art. 2 § 3 erlassen sind, wird mit Geldstrafe von 12 Mark

80 Pfennig bis zu 160 Mark und mit Haft von 6 bis zu 10 Tagen bestraft.

7. Jeder Eigenthümer eines Wagens, welcher auf einem öffentlichen Wege fährt, ohne mit dem Schilde versehen zu sein, welches Art. 3 und die auf Grund des Art. 2 § 1 Nr. 4 erlassenen Bestimmungen vorschreiben, wird mit einer Geldstrafe von 4 Mark 80 Pfennig bis zu 12 Mark und der Fuhrmann mit einer Geldstrafe von 80 Pfennig bis zu 4 Mark bestraft.

8. Jeder Eigenthümer oder Fuhrmann eines Fuhrwerks, welches ein Schild mit falschem oder untergeschobenem Namen oder Wohnort trägt, wird mit einer Geldstrafe von 40 bis zu 160 Mark und mit Gefängniß von 6 Tagen bis zu 6 Monaten bestraft.

Die nämliche Strafe trifft denjenigen, welcher einen Wagen ohne Schild führt und einen andern Namen oder Wohnort angibt als den seinigen oder denjenigen des Eigenthümers, für dessen Rechnung er fährt.

9. Wenn durch die Schuld, Nachlässigkeit oder Unvorsichtigkeit des Fuhrmanns ein Wagen irgend welchen Schaden an einer Straße oder deren Zubehör verursacht hat, so wird der Fuhrmann mit einer Geldstrafe von 2 Mark 40 Pfennig bis zu 40 Mark bestraft. Außerdem wird derselbe zu den Kosten der Wiederherstellung verurtheilt.

10. Mit einer Geldstrafe von 12 Mark 80 Pfennig bis zu 80 Mark — unabhängig von der aus irgend einer andern Ursache verwirkten Strafe — wird jeder Fuhrmann oder Conducteur bestraft, welcher nicht auf die Aufforderung eines der mit Feststellung der Uebertretungen beauftragten Beamten anhält und sich weigert, sich den vorgeschriebenen Nachsuchungen zu unterwerfen.

11. Die Bestimmungen des Code pénal, Buch 3, Tit. 1, Kapitel 3, Sect. IV, § 2, finden Anwendung auf Beleidigungen oder Gewaltthätigkeiten, welche gegen die mit Feststellung der Vergehen und Uebertretungen dieses Gesetzes beauftragten Beamten begangen werden*.

* Die in diesem Artikel angezogenen Vorschriften des Code pénal sind nach Art. III des Einführungsgesetzes zum St.-G.-B. durch die §§ 113 ff., 185 ff., 223 ff., St.-G.-B. ersetzt.

12. Ist von den in den Artikeln 4, 7 und 8 vorgesehenen Uebertretungen oder Vergehen die nämliche Uebertretung oder das nämliche Vergehen zu mehreren Malen festgestellt worden, so erfolgt nur eine einzige Verurtheilung, vorausgesetzt, daß nicht mehr als 24 Stunden zwischen der ersten und der letzten Feststellung verflossen sind. — Ist von den im Art. 6 vorgesehenen Uebertretungen oder Vergehen die nämliche Uebertretung oder das nämliche Vergehen zu mehreren Malen während der Fahrt von einer Umspannstation zur nächsten festgestellt worden, so erfolgt nur eine einzige Verurtheilung.

Abgesehen von den im gegenwärtigen Artikel erwähnten Ausnahmen werden, wenn mehrere Uebertretungsprotokolle errichtet worden sind, so viele Verurtheilungen ausgesprochen, als Uebertretungen festgestellt sind.

13. Jeder Eigenthümer eines Fuhrwerks ist für die Geldstrafen, den Schadenersatz und die Wiederherstellungskosten verantwortlich, auf welche auf Grund der Artikel dieses Titels gegen jede von ihm zur Führung des Fuhrwerks bestellte Person erkannt wird.

Wenn das Fuhrwerk nicht im Auftrage oder für die Rechnung des Eigenthümers geführt worden ist, so hat derjenige, welcher den Fuhrmann bestellt hat, die Verantwortlichkeit zu tragen.

14. Die Bestimmungen des Art. 463 Code pénal sind in allen Fällen anwendbar, in denen auf Grund des gegenwärtigen Gesetzes die Strafkammern der Landgerichte oder die Polizeigerichte anerkennen.

Titel III.

Über das Verfahren.

15. Zur Feststellung der in gegenwärtigem Gesetze vorgesehenen Uebertretungen und Vergehen sind insbesondere verpflichtet: die Wegemeister, Straßenwärter, sowie die übrigen Beamten des Straßenbauwesens, welche damit ausdrücklich beauftragt sind, die Gendarmen, die Feldhüter, die Beamten der indirekten Steuern, die Forstschutzbeamten und Grenzaufsichtsbeamten, die

Beamten des Maß- und Gewichtswesens, welche das Recht haben, Protokolle aufzunehmen und die mit demselben Rechte ausgestatteten Oktroibeamten.

Ferner sind zur Feststellung der im gegenwärtigen Gesetze vorgesehenen Uebertretungen und Vergehen befugt: die Bürgermeister und Beigeordneten, die Polizeikommissare und die beeidigten Polizeibeamten, die Kreis-Ingenieure, die Officiere und Wachtmeister der Gendarmerie, sowie jede Person, welche von der Bezirksverwaltung beauftragt ist, den Unterhalt der Verkehrswege zu überwachen.

Die im Art. 9 vorgesehenen Beschädigungen werden bei den Staats- und Bezirksstraßen durch die Kreis-Ingenieure, Wegemeister und andere damit besonders beauftragte Beamte des Straßenbauwesens, bei den Vicinalstraßen I. Classe durch die Kreis-Ingenieure und Wegemeister festgestellt, — unbeschadet des Rechts, welches allen in gegenwärtigem Artikel erwähnten Beamten zusteht: über diejenigen Beschädigungen, welche in ihrer Gegenwart stattgefunden haben, ein Protokoll zu errichten.

Die auf Grund des gegenwärtigen Artikels errichteten Protokolle liefern Beweis bis zum Gegenbeweis.

16. Die in den Artikeln 4 und 6 vorgesehenen Uebertretungen können, was die im Trab fahrenden öffentlichen Wagen betrifft, nur an dem Orte der Abfahrt, der Ankunft oder an den Umspann- und anderen Stationen dieser Wagen oder an den Oktroihaltestellen festgestellt werden, ausgenommen jedoch diejenigen Uebertretungen, welche sich auf die Anzahl der Reisenden, die Führung des Wagens, die Polizeimaßregeln für Conducteure, Kutscher oder Postillone, und die Art und Weise des Radsperrens beziehen.

17. Die in den Art. 4 und 9 vorgesehenen Uebertretungen sind von dem Bezirksrath desjenigen Bezirks abzuurtheilen, in welchem das Protokoll errichtet wurde *.

* Die strafrichterliche Competenz der Bezirksräthe ist durch Art. XI und XII Einführungsgesetz zum St.-G.-B. beseitigt und eben damit auch alle folgenden Bestimmungen, soweit dieselben das Verfahren vor den Bezirksräthen betreffen (insbesondere Art. 23—25).

Alle übrigen in diesem Gesetze vorgesehenen Vergehen und Uebertretungen gehören zur Zuständigkeit der Gerichte.

18. Die Protokolle, welche von den in Art. 15 § 1 angeführten Beamten errichtet wurden, müssen bei Strafe der Nichtigkeit binnen drei Tagen bekräftigt werden und zwar vor dem Friedensrichter desjenigen Cantons oder vor dem Bürgermeister derjenigen Gemeinde, wo entweder der protokollirende Beamte seinen Wohnsitz hat, oder wo die Uebertretung festgestellt wurde.

19. Die Protokolle müssen bei Strafe der Nichtigkeit binnen drei Tagen nach ihrem Datum oder nach ihrer Bekräftigung auf Rechnung einregistrirt werden.

20. Ist der Zuwiderhandelnde nicht in Elsaß-Lothringen seßhaft, so ist der Wagen vorläufig mit Beschlag zu belegen und das Protokoll ist unverzüglich dem Bürgermeister der Gemeinde, in welcher es errichtet wurde, oder der auf dem Wege des Beschuldigten nächstgelegenen Gemeinde mitzutheilen.

Der Bürgermeister schätzt vorläufig den Betrag der Geldstrafe und entstehenden Falls der Wiederherstellungskosten ab und verordnet die sofortige Hinterlegung derselben, es sei denn, daß zahlungsfähige Bürgschaft gestellt wird.

Wird weder die Summe hinterlegt noch eine Bürgschaft gestellt, so wird der Wagen zurückbehalten, bis über den Inhalt des Protokolles entschieden ist. Die daraus erwachsenden Kosten fallen dem Eigenthümer zur Last.

Der Zuwiderhandelnde muß im Verwaltungsbezirke des Ortes, in welchem die Zuwiderhandlung festgestellt wurde, Wohnsitz wählen; wählt er einen solchen Wohnsitz nicht, so werden alle Zustellungen ihm gültig auf dem Sekretariate derjenigen Gemeinde gemacht, deren Bürgermeister die Geldstrafe oder die Wiederherstellungskosten abgeschätzt hat.

21. Ist ein Fuhrwerk nicht mit dem Schilde versehen und ist der Eigenthümer unbekannt, so wird gemäß den drei ersten §§ des vorgehenden Artikels verfahren.

Dasselbe hat zu geschehen, wenn wegen eines der im Art. 8 vorgesehenen Vergehen ein Protokoll errichtet ist.

Auf die nämliche Weise ist zu verfahren bezüglich jedes Fuhrmanns eines Fracht= oder öffentlichen Personenfuhrwerks, welcher an dem Orte, wo er auf einer Uebertretung betroffen wurde, unbekannt und nicht ordnungsgemäß mit einem Paß, Arbeitsbuche oder Begleitscheine versehen ist, es sei denn daß er darthue, daß der Wagen einem bestimmten Fracht= oder öffentlichen Personenfuhrwerks=Unternehmer angehört, oder daß aus den Frachtbriefen oder andern in seinem Besitz befindlichen Papieren hervorgehe, daß der Wagen demjenigen angehört, dessen Wohnsitz auf dem Schilde angegeben ist.

22. Das Protokoll ist binnen zwei Tagen nach der Einregistrirung dem Kreisdirektor einzusenden. Dieser übermittelt es binnen 2 Tagen nach Empfang dem Bezirkspräsidenten, wenn es sich um eine zur Zuständigkeit der Bezirksräthe gehörige Uebertretung handelt, oder dem Ober=Prokurator, wenn die Gerichte zur Aburtheilung zuständig sind.

23. Handelt es sich um eine Uebertretung, welche zur Zuständigkeit der Bezirksräthe gehört, so wird Abschrift des Protokolls und der Bekräftigung desselben, wo diese vorgeschrieben ist, auf dem Verwaltungswege mit Vorladung zugestellt und zwar im Wohnsitz des Eigenthümers, wie solcher auf dem Schilde angegeben oder durch den Zuwiderhandelnden bezeichnet ist, sowie außerdem, wo es geboten ist, im Wohnsitze des Fuhrmannes.

Diese Zustellung muß bei Strafe der Nichtigkeit innerhalb eines Monats nach der Einregistrirung erfolgen.

Diese Frist beträgt 2 Monate, wenn der Zuwiderhandelnde nicht in dem Bezirke wohnt, wo die Uebertretung festgestellt wurde. Sie beträgt ein Jahr, wenn der Wohnsitz des Zuwiderhandelnden bei Errichtung des Protokolls nicht festgestellt werden konnte.

Ist der Wohnsitz des Fuhrmanns unbekannt geblieben, so erfolgt jede Zustellung an ihn gültig im Wohnsitze des Eigenthümers.

24. Der Beschuldigte muß binnen 30 Tagen seine Vertheidigungsmittel bei dem Bezirksrathe vorbringen. Diese Frist läuft vom Tage der Zustellung des Protokolls; in dieser Zustellung muß Erwähnung davon geschehen. Nach Ablauf dieser Frist erkennt der Bezirksrath, selbst wenn keine Vertheidigungsmittel vorgebracht worden sind. Sein Beschluß wird dem Zuwiderhandelnden mindestens 10 Tage vor Beginn der Vollstreckung zugestellt. Erfolgt die Verurtheilung im Ausbleibungsfalle, so wird die Zustellung gültig in dem auf dem Schilde angegebenen Wohnsitze bethätigt.

Der Einspruch gegen einen im Ausbleibungsfalle erlassenen Beschluß muß binnen 40 Tagen nach geschehener Zustellung eingelegt werden.

25. Der Rekurs an den Kaiserl. Rath gegen den Beschluß des Bezirksraths kann mittelst einfacher Denkschrift, welche bei dem Bezirkspräsidenten oder dem Kreisdirektor niedergelegt wird, und ohne Vermittelung eines Advokaten eingelegt werden. Ueber die Hinterlegung der Denkschrift, welche sofort abzuschicken ist, wird eine Empfangsbescheinigung ausgestellt.

Will die Verwaltung den Rekurs einlegen, muß sie dies binnen drei Monaten vom Tage des Beschlusses an thun.

26. Die Instanz, welche wegen Uebertretungen, die zur Zuständigkeit der Bezirksräthe gehören, eingeleitet ist, erlischt nach 6 Monaten von dem Datum des letzten Verfolgungsaktes ab und zugleich ist die öffentliche Klage beseitigt, ausgenommen es wären falsche Angaben auf dem Schilde oder, beim Fehlen eines Schildes, falsche Erklärungen gemacht.

27. Die Geldstrafen verjähren in einem Jahre, von dem Datum des Beschlusses des Bezirksraths oder, wenn Rekurs eingelegt wird, von der Entscheidung des Kaiserl. Raths an gerechnet.

Im Falle einer falschen Angabe auf dem Schilde oder einer falschen Erklärung von Namen oder Wohnort tritt die Verjährung erst nach fünf Jahren ein*.

28. Ist das Protokoll, welches das Vergehen oder die Uebertretung feststellt, durch einen der im Art. 15 § 1 bezeichneten Beamten errichtet worden, so gehört $^1/_3$ der erkannten Geldstrafe diesem Beamten, ausgenommen, wenn es sich um eine Uebertretung oder ein Vergehen handelt, welche in den Art. 10 und 11 vorgesehen sind.

Die beiden andern Drittel werden entweder dem Staate oder dem Bezirke oder den betheiligten Gemeinden überliefert, je nachdem die Uebertretung oder der Schaden eine Staatsstraße, eine Bezirksstraße oder eine Vicinalstraße I. Classe betrifft. In gleicher Weise ist der Gesammtbetrag der auf Grund des Art. 9 festgestellten Kosten der Wiederherstellung zuzutheilen, sowie auch der Gesammtbetrag der Geldstrafe, wenn die Bestimmungen des ersten Paragraphen dieses Artikels nicht anwendbar sind.

* So weit die Art. 26 und 27 sich auf Uebertretungen und Vergehen beziehen, welche zur Zuständigkeit der Bezirksräthe gehören, sind sie mit den übrigen prozessualischen Bestimmungen beseitigt. Der Schlußsatz des Art. 27 wiederholt nur die jetzt aufgehobene Regel des Art. 636 C. d'inst. cr.

29. Von der Promulgirung gegenwärtigen Gesetzes an sind und bleiben aufgehoben:

Das Gesetz vom 29. Floréal X (19. Mai 1802) betreffend die Aufsicht des Frachtfuhrwesens; — das Gesetz vom 7. Ventôse XII (27. Februar 1804); — die Verordnung vom 23. Juni 1806; — desgleichen alle übrigen den Bestimmungen dieses Gesetzes zuwiderlaufenden Vorschriften *.

* Der Schluß des Artikels sowie Art. 30 hatten blos transitorische Bedeutung.

Verordnung

vom 10. August 1852,

enthaltend das

Reglement über die Polizei des Fracht- und öffentlichen Personenfuhrwerks.

Titel I.

Bestimmungen, welche auf alle Fuhrwerke anwendbar sind.

Art. 1. Die Achsen der Fuhrwerke dürfen nicht länger sein als 2 Meter 50 Zentimeter, und an ihren Enden nicht mehr als 6 Zentimeter über die Nabe hinaus vorspringen.

Die Naben dürfen, und zwar die Achse mitinbegriffen, nicht mehr als 12 Zentimeter über den äußern Rand der Radreife vorspringen. Für solche Räder, welche schon eine gewisse Zeit im Gebrauche sind, ist betreff dieses Vorsprunges eine Abweichung von 2 Zentimeter gestattet.

2. Es ist ausdrücklich verboten, Nägel mit diamantförmigen Köpfen anzuwenden. Jeder Reifnagel muß platt genietet sein und darf, neu angebracht, nicht über 5 Millimeter vorspringen.

3. Es dürfen angespannt werden:

1. an zweirädrige Wagen, welche zur Beförderung von Waaren dienen, nicht mehr als fünf Pferde; an solche vierrädrige nicht mehr als acht, doch auch hier nur so, daß nicht mehr als fünf Pferde hintereinander gehen;
2. an zweirädrige Wagen, welche zur Beförderung von Personen dienen, nicht mehr als drei, an solche vierrädrige nicht mehr als sechs Pferde.

4. Wenn es sich um die Beförderung von Steinblöcken, von Locomotiven oder anderen Gegenständen von einem beträchtlichen

Gewichte handelt, so kann nach Einholung eines Gutachtens der Kreis-Ingenieure von den Präsidenten der zu befahrenden Bezirke ausnahmsweise die Anwendung einer stärkeren Bespannung gestattet werden.

5. Die Vorschriften des Art. 3 sind nicht anwendbar auf Strecken von Staats-, Bezirks- oder Vicinalstraßen I. Classe, welche eine Steigung von ungewöhnlicher Steilheit oder Länge haben. Die Grenzen der Strecken, auf welchen Vorspann gestattet ist, werden auf den Vorschlag des Regierungs- und Bauraths durch einen Beschluß des Bezirkspräsidenten festgesetzt und an Ort und Stelle durch Tafeln mit der Aufschrift „Vorspann" bezeichnet.

Für diejenigen Wagen, welche regelmäßig zwischen bestimmten Umspann-Stationen fahren und zur Beförderung von Personen oder Waaren dienen, erstreckt sich die Erlaubniß, Vorspann zu nehmen auf den ganzen Weg zwischen den beiden Umspann-Stationen, zwischen denen die Tafeln angebracht sind.

Vorübergehend kann die Anwendung von Vorspann auf Strecken von Staats-, Bezirks- oder Vicinalstraßen I. Classe gestattet werden, wenn in Folge von Ausbesserungsarbeiten oder anderen zufälligen Umständen eine solche Maßregel nöthig ist.

Der Bezirkspräsident wird in diesem Falle provisorische Tafeln anbringen lassen.

6. Während der Dauer von Schneewetter oder von Glatteis bleiben die Vorschriften betreffend die Beschränkung der Anzahl von Pferden außer Anwendung.

7. Aufgehoben durch Verordnung vom 29. Aug. 1863.

8. Während der Ueberfahrt über Hängebrücken sind die Pferde im Schritte zu führen; die Fuhrleute oder Kutscher haben die Zügel oder das Leitseil festzuhalten; die Condukteure und Postillone müssen auf ihren Sitzen bleiben.

Es ist den Fracht- und anderen Fuhrleuten verboten, für die Ueberfahrt über die Brücke irgend eines ihrer Pferde auszuspannen.

Jedes mit mehr als fünf Pferden bespannte Fuhrwerk darf sich nicht auf den Belag eines Brückenjoches begeben, wenn sich auf demselben schon ein Fuhrwerk befindet, welches mit mehr als fünf Pferden bespannt ist. Für diejenigen Hängebrücken, welche nicht jede nöthige Sicherheit für die Ueberfahrt von schwergeladenen Fuhrwerken bieten, können der Minister der öffentlichen Arbeiten oder der Minister des Innern, jeder soweit es ihn betrifft, anderweite für nöthig erachtete Bestimmungen treffen*.

In dringenden Fällen können die Bezirkspräsidenten und die Bürgermeister alle Maßregeln ergreifen, welche die öffentliche Sicherheit ihnen zu erheischen scheint, vorbehaltlich der Berichterstattung darüber an die vorgesetzte Behörde.

Die zum Schutze der Hängebrücken vorgeschriebenen Maßregeln sind stets am Ein- und Ausgange der Brücken anzuschlagen.

9. Jeder Fracht- oder andere Fuhrmann muß bei der Annäherung von fremdem Fuhrwerk sich auf der rechten Seite halten und zwar so, daß er demselben wenigstens die Hälfte der Straße freiläßt.

10. Es ist verboten auf der öffentlichen Straße ein Fuhrwerk, gleichgültig ob es bespannt ist oder nicht, ohne zwingenden Grund stehen zu lassen.

Titel II.

Bestimmungen, welche auf die nicht zur Personenbeförderung dienenden Fuhrwerke anwendbar sind.

11. Die Breite der Ladung von Fuhrwerken, welche nicht zur Personenbeförderung dienen, darf nicht mehr als 2 Meter 50 Zentimeter betragen. Es können jedoch für Gegenstände von großem Umfange, deren Verladung unter dieser Bedingnng unmöglich wäre, die Bezirkspräsidenten besondere Erlaubnißscheine zum Fahren ausstellen.

Befreit von jeder Beschränkung, betreffend die Breite der Ladung, sind gemäß dem Gesetze vom 30. Mai 1851 die Wagen

* Die Ausübung dieser Befugnisse ist durch Bekanntmachung vom 29. Januar 1872 in die Hände des derzeitigen Oberpräsidenten gelegt.

der Landwirthe, wenn sie dazu verwendet werden, die Feldfrüchte vom Hause auf das Feld oder von dem Felde nach dem Hause oder auf den Mark zu verbringen.

12. Die Breite der Kummete der Pferde oder anderen Zugthiere darf nicht mehr als 90 Zentimeter betragen, gemessen zwischen den am weitesten vorspringenden Punkten der Kummethörner.

13. Wenn mehrere Fuhrwerke hintereinander fahren, müssen sie in Wagenzüge abgetheilt werden und zwar von höchstens vier Wagen, wenn sie vierrädrig und nur mit je einem Pferde bespannt sind; von höchstens drei Wagen, wenn sie zweirädrig und nur mit je einem Pferde bespannt sind, und von höchstens zwei Wagen, wenn einer derselben mit mehr als einem Pferde bespannt ist.

Der Zwischenraum von einem Wagenzug zum andern muß mindestens 50 Meter betragen.

14. Jeder Fuhrmann muß sich beständig in der Nähe seiner Pferde oder Zugthiere halten uud zwar so, daß er im Stande ist, sie zu lenken.

Es ist untersagt, durch nur einen Fuhrmann mehr als vier mit je einem Pferde bespannte Fuhrwerke führen zu lassen, wenn sie vierrädrig sind, und mehr als drei mit je einem Pferde bespannte Fuhrwerke, wenn sie zweirädrig sind.

Jedes mit mehr als einem Pferde bespannte Fuhrwerk muß einen Fuhrmann haben. Ein Fuhrwerk jedoch, dessen Pferd an ein mit nicht mehr als vier Pferden bespanntes Fuhrwerk hinten angebunden ist, bedarf keines besonderen Fuhrmannes.

Verordnungen der Gemeinde-Polizeibehörden bestimmen die Beschränkungen, welche zu den Vorschriften dieses und des vorhergehenden Artikels bei der Durchfahrt durch Städte, Marktflecken und Dörfer hinzutreten können.

15. Kein einzeln oder an der Spitze eines Wagenzuges fahrendes Fuhrwerk darf während der Nacht fahren, ohne mit einer angezündeten Laterne versehen zu sein.

Diese Bestimmung kann durch Beschlüsse der Bezirkspräsidenten oder der Bürgermeister auf die landwirthschaftlichen Fuhrwerke ausgedehnt werden.

16. Jeder Eigenthümer eines nicht zur Personenbeförderung dienenden Fuhrwerks ist gehalten, vor den Rädern und auf der linken Seite seines Fuhrwerks ein metallenes Schild anzubringen, auf welchem in deutlichen und lesbaren, wenigstens fünf Millimeter hohen Buchstaben seine Namen und Vornamen, sowie sein Gewerbe, der Name der Gemeinde, des Cantons und des Bezirks seines Wohnsitzes angegeben ist.

Ausgenommen von dieser Verfügung sind in Gemäßheit des Gesetzes vom 30. Mai 1851:

1. Privatfuhrwerke, welche zur Personenbeförderung dienen, aber nicht im Dienste einer öffentlichen Personenbeförderungsanstalt sind;
2. Die Briefpost- und alle anderen der Postverwaltung gehörenden Wagen;
3. Die der Kriegs- und Marine-Verwaltung zugehörenden Artillerie-Fuhrwerke, Munitions-, Proviant- und Gepäckwagen. — Durch Kaiserliche Verordnung werden die besonderen Kennzeichen bestimmt, welche die in den §§ 2 und 3 bezeichneten Wagen tragen und die Legitimationspapiere, mit welchen die Fuhrleute versehen sein müssen.
4. Die Fuhrwerke, welche zur Bebauung des Feldes, zur Verbringung der Feldfrüchte, zur Bewirthschaftung der Ackergüter dienen, und welche von dem Hause auf das Feld oder von dem Felde nach dem Hause fahren, oder welche dazu verwendet werden, die geernteten Gegenstände von dem Orte, wo sie gewonnen worden sind, nach demjenigen zu verbringen, wo sie der Landwirth zur Aufbewahrung oder Bearbeitung niederlegt oder ansammelt.

Titel III.

Bestimmungen, welche auf die öffentlichen Personenfuhrwerke anwendbar sind.

17. Die Unternehmer von öffentlichen Wagen, welche nach festen Bestimmungsorten fahren, haben den Hauptsitz ihrer Niederlassung, die Anzahl ihrer Wagen und der Plätze, welche sie

enthalten, die Tage und Stunden der Abfahrt und Ankunft anzugeben. Diese Angabe ist bei den Bezirkspräsidenten oder Kreisdirektoren zu machen.

Die gegenwärtig schon in Ausübung befindlichen Unternehmer sind zu diesen Förmlichkeiten erst verpflichtet, wenn sie ihre Wagen erneuern oder deren Form oder Umfang abändern.

Jede Abänderung von Einrichtungen, welche auf Grund des ersten Paragraphen dieses Artikels angegeben sind, gibt zu einer erneuten Angabe Veranlassung.

18. Sogleich nach der auf Grund des vorhergehenden Artikels §§ 1 und 2 gemachten Angabe ordnet der Bezirkspräsident oder der Kreisdirektor die Besichtigung der Wagen an, um festzustellen, ob sie den in den nachfolgenden Art. 18 bis 29 einschließlich gegebenen Vorschriften vollständig entsprechen und ob sie keinen Fehler in ihrem Baue haben, welcher Unfälle veranlassen könnte.

Diese Besichtigung, welche, so oft die Behörde es für nöthig erachtet, wiederholt werden kann, ist in Gegenwart des Polizeikommissars von einem durch den Bezirkspräsidenten oder den Kreisdirektor ernannten Sachverständigen vorzunehmen.

Der Unternehmer hat das Recht, seinerseits einen Sachverständigen zu ernennen, welcher mit dem von der Verwaltung ernannten contradiktorisch verfährt. Die Besichtigung der Wagen kann nur an einer der Hauptniederlassungen des Unternehmers vorgenommen werden; die Kosten fallen dem Unternehmer zur Last.

Der Bezirkspräsident entscheidet auf Grund des abgegebenen Gutachtens und des Berichtes des Polizeikommissars.

Kein Wagen darf in den Verkehr gebracht werden, bevor der Bezirkspräsident die Erlaubniß hierzu ertheilt hat.

19. Der Bezirkspräsident übersendet dem Direktor der indirekten Steuern im Auszuge Abschriften der von ihm auf Grund des vorhergehenden Artikels ertheilten Ermächtigungen. Erst nach Einsicht dieser Ermächtigung, welche in ein besonderes Register einzutragen ist, darf der durch Art. 117 des Gesetzes vom 25. März 1817 vorgesehene Stempel ausgefertigt werden*.

20. Die Breite der Spurweite muß bei den öffentlichen Fuhrwerken mindestens 1 Meter 65 Zentimeter betragen, gemessen zwischen der Mitte der Felgen desjenigen Theils der Räder, welcher auf dem Boden ruht.

Jedoch kann bei vierrädrigen Fuhrwerken die vordere Spurweite auf 1 Meter 55 Zentimeter verringert werden.

In Gebirgsgegenden können die Unternehmer von dem Bezirkspräsidenten nach Einholung eines Gutachtens der Kreis-Ingenieure ermächtigt werden, engere Spurweiten, als die in den vorhergehenden §§ festgesetzten, anzuwenden, jedoch nur unter der Bedingung, daß die Spurweite zum mindesten der breitesten Spurweite derjenigen Wagen gleichbleibt, welche in diesen Gegenden gebräuchlich sind.

21. Der Zwischenraum zwischen den beiden Wagenachsen muß bei vierrädrigen öffentlichen Wagen mindestens der halben Länge der Wagenkasten, in der Höhe ihrer Gurt gemessen, gleich sein, darf aber nie weniger als 1 Meter 55 Zentimeter betragen.

22. Die größte zulässige Höhe der öffentlichen Fuhrwerke, von dem Boden bis zu dem höchsten Punkte der Ladung, wird für vierrädrige Wagen auf 3 Meter, für zweirädrige auf 2 Meter 60 Zentimeter festgesetzt.

Es ist bei vierrädrigen Wagen eine weitere Erhöhung von 10 Zentimeter gestattet, wenn dieselben am Vordergestell mit Lenkscheitern und Gegenlenkscheitern versehen sind, deren jedes zum mindesten einen Halbkreis von 1 Meter 15 Zentimeter im Durchmesser bildet, welcher den Achsennagel zum Mittelpunkt hat.

Wenn auf Grund des Art. 20 § 3 eine Vereinigung der Breite der Spurweite gestattet wird, so darf das Verhältniß der Höhe des Wagens zu der Breite der Spurweite höchstens $1^3/_4$ sein.

* Die Bestimmungen dieses Artikels sind durch Aufhebung der Besteuerung des öffentlichen Fuhrwerks (Gesetz vom 21. Mai 1873) bedeutungslos geworden.

In allen Fällen wird die Höhe durch eine eiserne Querstange bestimmt, welche mitten über dem für die Ladung bestimmten Raume der Länge nach angebracht wird und deren Träger bei der durch Art. 17 vorgeschriebenen Besichtigung mit einem Stempel bezeichnet werden, der bestätigt, daß sie die festgesetzte Höhe nicht übersteigen; diese Träger müssen ebenso wie die Querstange stets sichtbar sein.

Das Tuch, welches die Ladung bedeckt, darf weder über diese Träger, noch über die Höhe der Querstange hinaus gelegt werden.

Es ist verboten, außerhalb dieses Tuches irgend einen Gegenstand zu befestigen.

23. Die einzelnen Abtheilungen der öffentlichen Fuhrwerke müssen folgenden Bestimmungen entsprechen:

Mittlere Breite der Plätze, 48 Zentimeter; Breite der Sitzbänke, 45 Zentimeter; Zwischenraum zwischen dem Sitz im Coupé und der Vorderwand des Wagens, 35 Zentimeter; Höhe des Verdecks über dem Boden des Wagens, 1 Meter 40 Zentimeter; Höhe der Sitze, das Kissen inbegriffen, 40 Zentimeter.

Bei Wagen, welche weniger als 20 Kilometer durchfahren, und für Bänke mit mehr als 3 Plätzen, kann die mittlere Breite der Plätze auf 40 Zentimeter verringert werden.

24. Es kann auf dem Wagenverdeck eine Bank mit Sitzen für den Condukteur und zwei Reisende oder für drei Reisende, wenn der Condukteur sich auf den Kutschersitz setzt, angebracht werden.

Diese Bank, deren Höhe, das Kissen inbegriffen, nicht 30 Zentimeter überschreiten soll, darf nur mit einem biegsamen Ueberzug versehen sein. Es darf auf dieselbe kein Gepäckstück geladen werden.

25. Das Coupé und das Innere müssen auf jeder Seite einen Wagenschlag haben.

Die hintere Abtheilung oder Rotunde braucht nur einen nach hinten sich öffnenden Wagenschlag zu haben.

Jeder Wagenschlag muß mit einem Tritt versehen sein.

26. Die Achsen müssen aus geschmiedetem Eisen von guter Beschaffenheit sein und an jedem Ende entweder durch eine vermittelst eines Vorstecknagels befestigte Schraubenmutter oder durch eine Oelkapsel, welche durch vier durch die Länge der Nabe gesteckte Bolzen angeheftet ist, oder durch irgend eine andere, vom Minister der öffentlichen Arbeiten gebilligte Einrichtung festgehalten werden*.

27. Jeder öffentliche Wagen muß mit einer Sperrmaschine versehen sein, welche auf die hinteren Räder einwirkt, und so angebracht ist, daß sie von dem für den Condukteur bestimmten Platze aus gehandhabt werden kann.

Die Wagen müssen außerdem mit einem Hemmschuh und einer Sperrkette versehen sein, welche der Condukteur bei jedem steilen Fall der Straße anzulegen hat.

Die Bezirkspräsidenten können diejenigen Wagen, welche nur durch flaches Land fahren, von der Verpflichtung, solche Vorrichtungen zu führen, entbinden.

28. Während der Nacht müssen die öffentlichen Wagen durch eine rechts an der Vorderwand angebrachte Laterne mit Metallspiegel beleuchtet werden.

29. Jeder Wagen trägt auf der Außenseite an einer augenfälligen Stelle, abgesehen von dem durch die Verwaltung der indirekten Steuern angebrachten Stempel**, den Namen und Wohnort des Unternehmers und die Angabe der Zahl der Plätze einer jeden Abtheilung.

30. Derselbe trägt im Innern der Abtheilungen:

1. die Nummer eines jeden Platzes;
2. den Preis eines Platzes vom Orte der Abfahrt bis zum Orte der Ankunft.

Der Unternehmer darf in die einzelnen Abtheilungen seiner Wagen keine größere Anzahl von Reisenden aufnehmen, als gemäß Art. 29 auf der Außenseite angegeben ist.

31. Jeder Unternehmer hat in ein von dem Bürgermeister mit Seitenzahlen und dem Namenszuge versehenes Register die Na=

* Vergl. Anmerkung zu Art. 8.
** Vergl. Anmerkung zu Art. 19.

men der Reisenden, welche er befördert, einzutragen; er schreibt ferner in dasselbe die Gepäckstücke ein, deren Beförderung ihm anvertraut wird.

Derselbe übergibt dem Condukteur eine Abschrift dieser Eintragungen, welche diesem als Begleitschein dienen soll, und jedem Reisenden einen Auszug daraus, welcher das, was dessen Person betrifft, und die Nummer seines Platzes enthält.

32. Die Condukteure dürfen unterwegs keinen Reisenden aufnehmen, noch ein Gepäckstück in Empfang nehmen, ohne dies in dem ihnen bei der Abfahrt übergebenen Begleitschein zu erwähnen.

33. Jeder öffentliche Wagen, welcher mit nur zwei Reihen Pferden bespannt ist, kann von einem Postillone oder einem Kutscher allein geführt werden.

Derselbe muß von zwei Postillonen oder von einem Kutscher und einem Postillon geführt werden, wenn er mit mehr als zwei Reihen Pferden bespannt ist.

34. Die Postillone oder Kutscher dürfen unter keinem Vorwand von ihren Pferden oder von ihren Sitzen heruntersteigen.

Es wird ihnen eingeschärft, bei der Durchfahrt durch Städte und Dörfer die den Straßenverkehr betreffenden Polizei-Reglements zu beobachten.

An den Halteplätzen dürfen der Condukteur und der Postillon nicht gleichzeitig den Wagen, so lange er bespannt ist, verlassen.

Der Condukteur muß, bevor er sich auf seinen Platz zurückbegibt, sich versichern, daß die Wagenschläge fest verschlossen sind.

35. Wenn entgegen dem Art. 9 dieser Verordnung ein Fracht- oder anderer Fuhrmann einem öffentlichen Wagen nicht die Hälfte der Straße freigelassen hat, so muß der Condukteur oder der Postillon, welcher sich über diese Uebertretung zu beschweren hat, dem Polizeibeamten des nächstgelegenen Ortes Anzeige davon machen, indem er den Namen des Fuhrmannes nach dem Schilde seines Fuhrwerks angibt.

Die über die Uebertretungen aufgenommenen Protokolle sind

ungesäumt dem Ober-Prokurator einzusenden, welcher die Verfolgung gegen die Uebertreter einleitet.

36. Die Unternehmer von öffentlichen Wagen, die nicht von Postmeistern gehalten werden, haben bei den Bezirkspräsidenten oder den Kreisdirektoren derjenigen Orte, wo sie Umspann-Stationen errichtet haben, diesen Ort sowie den Namen der Stationshalter anzugeben.

Eine ähnliche Angabe muß jedesmal gemacht werden, wann die Unternehmer mit einem neuen Stationshalter einen Vertrag abschließen.

37. Die Stationshalter oder ihre Vorgesetzten müssen bei der Ankunft und Abfahrt eines jeden Wagens zugegen sein und sich in eigener Person und unter ihrer Verantwortlichkeit versichern, daß die Postillone sich nicht im Zustande der Trunkenheit befinden.

Die Leitung der Umspann-Stationen wird, in Bezug auf Alles was die Sicherheit der Reisenden betrifft, von den Bürgermeistern der Gemeinden, worin die Stationen sich befinden, überwacht.

38. Niemand kann als Postillon oder Kutscher angenommen werden, welcher nicht mindestens 16 Jahre alt ist und ein von dem Bürgermeister seiner Heimathgemeinde ausgestelltes Arbeitsbuch besitzt, worin ihm sein guter Leumund und seine Tauglichkeit zu dem Gewerbe, welches er ausüben will, bezeugt wird.

39. In jedem Bureau der Ankunfts- und Abfahrts-Stationen und auf jeder Umspann-Station wird ein von dem Bürgermeister mit Seitenzahlen und dem Namenszuge versehenes Register aufgelegt, in welches die Reisenden die Beschwerden, welche sie gegen die Condukteure, Postillone oder Kutscher etwa zu führen haben, einschreiben können. Dieses Register wird den Reisenden, so oft es verlangt wird, von dem Vorsteher des Bureaus oder dem Stationshalter vorgelegt.

Die Postmeister, welche öffentliche Wagen führen, legen den Reisenden auf deren Verlangen das Register vor, welches sie nach dem Postreglement zu halten verpflichtet sind.

40. Die obigen Bestimmungen sind nicht auf die Wagen der Briefpost anwendbar, welche die Briefe der Regierung und des

Publikums befördern, indem die Form, die Größe, die Ladung und die Art und Weise der Führung dieser Wagen durch besondere Reglements bestimmt werden.

Die Wagen von Unternehmern, welche Brieffelleisen befördern, werden nicht als Briefwagen betrachtet.

41. Die öffentlichen Wagen, welche auf den Straßen der benachbarten Länder im Dienste sind und welche von Grenzstädten abfahren oder daselbst ankommen, sind den oben vorgeschriebenen Regeln nicht unterworfen. Doch müssen sie dauerhaft gebaut sein.

42. Die Unternehmer von öffentlichen Wagen haben dafür zu sorgen, daß die Art. 16 bis 38 stets an der am meisten in die Augen fallenden Stelle der Bureaus und der Umspannstationen angeschlagen sind.

Die Art 28 bis 38 einschließlich müssen besonders gedruckt und im Innern einer jeden Wagenabtheilung angeheftet sein.

Titel IV.

Übergangsbestimmungen.

43. Für die Ausführung des Art. 12, betreffend die Breite der Kummete, wird eine Frist von zwei Jahren von der Promulgirung dieser Verordnung an gewährt.

44. Die Uebertretungen dieser Verordnung sind nach Tit. II und III des Gesetzes vom 30. Mai 1851 festzustellen, zu verfolgen und zu bestrafen, unbeschadet der besonderen Maßregeln, welche durch Lokalreglements vorgeschrieben sind.

45. Die Verordnungen vom 23. Dezember 1816 und 16. Juli 1828 sind und bleiben aufgehoben.

Verordnung

vom 24. Februar 1858,

welche einige Bestimmungen der Verordnung vom 10. August 1852 „über die Polizei des Fracht- und öffentlichen Personenfuhrwerks“ abändert und vervollständigt.

Art. 1. Aufgehoben durch die Verordnung vom 29. August 1863.

2. Die Bezirkspräsidenten können durch besondere Beschlüsse die Bestimmungen des Art. 15 § 1 der Verordnung vom 10. Aug. 1852, betreffend die Beleuchtung der Fuhrwerke, auf Privatfuhrwerke, welche zur Personenbeförderung dienen, ausdehnen.

3. Die Bezirkspräsidenten können, wenn der Umfang der beförderten Gegenstände dem Wagenzuge eine für die Freiheit oder die Sicherheit des Verkehrs schädliche Länge geben sollte, die Zahl der Fuhrwerke, deren Vereinigung zu einem Wagenzuge Art. 13 der Verordnung vom 10. Aug. 1852 gestattet, beschränken. Ihre Beschlüsse sind auf denjenigen Strecken der Straßen, auf welche sie sich beziehen, anzuschlagen*.

* Vergl. hierzu den Beschluß des Präfekten des Ober-Rhein-Departements vom 29. Mai 1858.

Verordnung

vom 29. August 1863,

betreffend die

Errichtung von Schlagbäumen auf den Staats- und Bezirksstraßen, sowie auf den Vicinalstraßen I. Classe, um bei Thauwetter den Verkehr zu beschränken.

Art. 1. Der Minister der öffentlichen Arbeiten bestimmt die Bezirke, in welchen auf den Staats- und Bezirksstraßen Schlagbäume errichtet werden können, um bei Thauwetter den Verkehr zu beschränken.

Die Bezirkspräsidenten bestimmen in jedem Bezirke die Staats- und Bezirksstraßen, sowie die Vicinalstraßen I. Classe, auf welchen diese Schlagbäume errichtet werden können.

Sie ergreifen nach Einholung eines Gutachtens der Kreis-Ingenieure diejenigen Maßregeln, welche durch das Verschlossen- oder Offensein der Schlagbäume nothwendig werden.

Während des Verschlusses der Schlagbäume können nur fahren:

1. Die Wagen der Briefpost;
2. Die in Federn hängenden Reisewagen, welche nicht im Dienste einer öffentlichen Personenbeförderungsanstalt sind;
3. Die nichtbeladenen Fuhrwerke;
4. Die beladenen Fuhrwerke, welche auf Rädern ruhen, deren Felgen mindestens 11 Zentimeter breit sind, und deren Bespannung eine Anzahl von Pferden nicht überschreitet, wie solche von dem Bezirkspräsidenten mit Rücksicht auf das Klima, die Bauart und den Zustand der Straßen, die Beschaffenheit des Bodens, die Zahl der Räder des Fuhrwerks und die übrigen örtlichen Verhältnisse festgesetzt wird.

Jedes auf einer Uebertretung der Bestimmungen dieses Artikels betroffene Fuhrwerk wird in Beschlag genommen und die Pferde werden im Stalle des nächsten Wirthshauses als Pfand eingestellt, alles unbeschadet der in Art. 4 Titel II des Gesetzes vom 30. Mai 1852 angedrohten Geldstrafe und der in Art. 9 desselben Gesetzes erwähnten Wiederherstellungskosten.

Die Bezirkspräsidenten haben unserm Minister der Landwirthschaft, des Handels und der öffentlichen Arbeiten über die Maßregeln, welche sie kraft dieser Verordnung ergriffen haben, unverzüglich Bericht zu erstatten.

Art. 7 unserer Verordnung vom 10. August 1852 und

Art. 1 unserer Verordnung vom 24. Februar 1858 sind und bleiben aufgehoben.

Strafgesetzbuch

für das deutsche Reich. (Einf.-G. vom 30. August 1871.)

Neun und zwanzigster Abschnitt.

Übertretungen.

366. Mit Geldstrafe bis zu 60 Mark oder mit Haft bis zu 14 Tagen wird bestraft:

2. Wer in Städten oder Dörfern übermäßig schnell fährt oder reitet, oder auf öffentlichen Straßen oder Plätzen der Städte oder Dörfer mit gemeiner Gefahr Pferde einführt oder zureitet;

3. Wer auf öffentlichen Wegen, Straßen, Plätzen oder Wasserstraßen das Vorbeifahren Anderer muthwillig verhindert;

4. Wer in Städten mit Schlitten ohne feste Deichsel oder ohne Geläute oder Schelle fährt;

5. Wer Thiere in Städten oder Dörfern, auf öffentlichen Wegen, Straßen oder Plätzen oder an andern Orten, wo sie durch Ausreißen, Schlagen oder auf andere Weise Schaden anrichten können, mit Vernachlässigung der erforderlichen Sicherheitsmaßregeln stehen läßt oder führt;

10. Wer die zur Erhaltung der Sicherheit, Bequemlichkeit, Reinlichkeit und Ruhe auf den öffentlichen Wegen, Straßen, Plätzen oder Wasserstraßen erlassenen Polizei-Verordnungen übertritt.

Gesetz

über das Postwesen des deutschen Reichs

vom 28. Oktober 1871.

Abschnitt III.

Besondere Vorrechte der Posten.

§ 16. Die ordentlichen Posten nebst deren Beiwagen, die auf Kosten des Staates beförderten Kuriere und Estafetten, die von Postbeförderungen ledig zurückkommenden Postfuhrwerke und Postpferde, die Briefträger und die Postboten sind von Entrichtung der Chausseegelder und anderen Kommunikationsabgaben befreit. Dasselbe gilt von Personenfuhrwerken, welche durch Privatunternehmer eingerichtet und als Ersatz für ordentliche Posten ausschließlich zur Beförderung von Reisenden und deren Effekten und von Postsendungen benutzt werden.

Diese Befreiung findet auch, jedoch unbeschadet wohlerworbener Rechte, gegen die zur Erhebung solcher Abgaben berechtigten Korporationen, Gemeinden oder Privatpersonen statt.

17. In besonderen Fällen, in denen die gewöhnlichen Postwege gar nicht oder schwer zu passiren sind, können die ordentlichen Posten, die Extraposten, Kuriere und Estafetten sich der Neben- und Feldwege, sowie der ungehegten Wiesen und Aecker bedienen, unbeschadet jedoch des Rechtes der Eigenthümer auf Schadenersatz.

18. Gegen die ordentlichen Posten, Extraposten, Kuriere und Estafetten ist keine Pfändung erlaubt; auch darf dieselbe gegen einen Postillon nicht geübt werden, welcher mit dem ledigen Gespann zurückkehrt.

Bei Zuwiderhandlungen ist eine Geldstrafe von 10 Sgr. bis zu 20 Thaler verwirkt.

19. Jedes Fuhrwerk muß den ordentlichen Posten, sowie den Extraposten, Kurieren und Estafetten auf das übliche Signal ausweichen. Bei Zuwiderhandlungen ist eine Geldstrafe von 10 Sgr. bis zu 10 Thlr. verwirkt.

20. Das Inventarium der Posthaltereien darf im Wege des Arrestes oder der Exekution nicht mit Beschlag belegt werden.

21. Wenn den ordentlichen Posten, Extraposten, Kurieren oder Estafetten unterwegs ein Unfall begegnet, so sind die Anwohner von Straßen verbunden, denselben die zu ihrem Weiterkommen erforderliche Hülfe gegen vollständige Entschädigung schleunigst zu gewähren.

22. Die vorschriftsmäßig zu haltenden Postpferde und Postillone dürfen zu den behufs der Staats- und Kommunalbedürfnisse zu leistenden Spanndiensten nicht herangezogen werden.

23. Die Thorwachen, Thor-, Brücken- und Barriere-Beamten sind verbunden, die Thore und Schlagbäume schleunigst zu öffnen, sobald der Postillon das übliche Signal gibt.

Ebenso müssen auf dasselbe die Fährleute die Ueberfahrt unverzüglich bewirken.

Bei Zuwiderhandlungen ist eine Geldstrafe von 10 Sgr. bis zu 10 Thlr. verwirkt.

B. Verordnungen

der

Präfekten und Bezirkspräsidenten.

I. Bezirk Lothringen.

1. Beschluß des Präfekten des Mosel-Departements vom 24. Mai 1854.

Der Präfekt des Mosel-Departements,

Auf Grund des Gesetzes vom 30. Mai 1851, Art. 2, in den Worten:

„Kaiserliche Verordnungen bestimmen die Polizeimaßregeln „für die Fuhrleute, namentlich betreffend das Halten auf „den Straßen, und die Regeln, welche beim Ausweichen „oder Vorfahren gegenüber anderen Fuhrwerken zu beobachten „sind;"

Auf Grund der Verordnung vom 10. August 1852 und des Art. 9 in den Worten:

„Jeder Fracht- oder andere Fuhrmann muß bei der Annähe- „rung von fremdem Fuhrwerk sich auf der rechten Seite halten „und zwar so, daß er ihm wenigstens die Hälfte der Straße „frei läßt;"

In Erwägung, daß es nöthig erscheint, an die Polizeivorschriften zu erinnern, welche bezwecken die Freiheit und die Sicherheit des Verkehrs auf den öffentlichen Wegen zu sichern,

Beschließt:

Art. 1. Es wird den Frachtfuhrleuten, Kärrnern und anderen Führern von Wagen eingeschärft, sich stets in der Nähe ihrer Pferde, Zug- oder Lastthiere oder ihres Wagens zu halten und zwar so, daß sie im Stande sind, dieselben zu lenken und zu führen.

Die Pferde müssen an Zügeln oder am Leitseile geführt werden.

2. Es ist verboten, die Bewachung und Führung von Wagen, Pferden, Last- oder Zugthieren anderen, als kräftigen und dazu tauglichen Personen anzuvertrauen.

3. Es ist verboten, auf einem öffentlichen Wege Pferde abzuzäumen, um sie zu füttern und zu tränken, wenn dieselben nicht in genügender Weise angebunden sind.

4. Es wird den Frachtfuhrleuten, Kärrnern, Postillonen und Führern von Wagen jeder Art eingeschärft, bei der Annäherung anderer Wagen sich stets auf die rechte Seite zu stellen, rechts auszuweichen und wenigstens die Hälfte des öffentlichen Weges frei zu lassen.

5. Die Bürgermeister, Beigeordneten, Polizeikommissare, die Gendarmerie und die Feldhüter werden damit beauftragt, den strengen Vollzug dieses Beschlusses, welcher in die Sammlung der Verwaltungs-Verordnungen eingerückt wird, zu überwachen.

Die Bürgermeister haben dafür Sorge zu tragen, daß dieser Beschluß in allen Gemeinden veröffentlicht wird.

2. Beschluß des Präfekten des Mosel-Departements

vom 13. Dezember 1859.

Wir Präfekt des Mosel-Departements,

Auf Grund des Art. 3, Tit. II, Gesetz vom 16. bis 24. August 1790, welcher der Oberaufsicht der Verwaltung Alles unterstellt, was die Sicherheit und Bequemlichkeit des Verkehrs auf den Straßen, Quais, öffentlichen Plätzen und Wegen betrifft;

Auf Grund des Gesetzes vom 30. Mai 1851 über die Polizei des Fracht- und öffentlichen Personenfuhrwerks;

Auf Grund der Art. 15 und 28 der Verordnung vom 10. August 1852;

Auf Grund der Kaiserlichen Verordnung vom 24. Februar 1858, welche die vorbezeichneten Verordnungen modificirte;

Auf Grund des Art. 471, Nr. 15 Code pénal;

Beschließen:

Art. 1. Die Frachtfuhrwerke, welche dem Handelsverkehre dienen und einzeln oder an der Spitze eines Wagenzugs fahren, dürfen während der Nacht nicht auf öffentlichen Wegen fahren, ohne mit einer angezündeten Laterne versehen zu sein.

Diese Vorschrift erleidet auch Anwendung auf die Wagen der Landwirthe.

Diese Wagen sind jedoch dann davon ausgenommen, wenn sie zur Bebauung der Erde, zur Verbringung der Ernte, zur Bewirthschaftung der Feldgüter verwendet werden; wenn sie sich vom Hause auf das Feld oder von dem Felde nach dem Hause begeben; oder wenn sie dazu verwendet werden, die geernteten Früchte von dem Orte, wo sie gewonnen worden sind, nach demjenigen zu verbringen, wo sie der Landwirth zur Aufbewahrung oder Bearbeitung aufbewahrt oder ansammelt.

2. Während der Nacht müssen die öffentlichen Personenfuhrwerke durch eine Laterne mit Metallspiegel, welche rechts an der Vorderwand des Wagens anzubringen ist, beleuchtet werden.

3. Die Privatkutschen, welche zur Beförderung von Personen dienen, sind gleichfalls durch eine oder zwei vorne angebrachte Laternen zu beleuchten. — Wird nur eine Laterne angebracht, muß sie stets sich auf der rechten Seite des Wagens befinden.

4. Die für die Beleuchtung der Wagen bestimmten, in den vorausgehenden Artikeln näher bezeichneten Vorrichtungen müssen, sobald der Tag zu Ende ist, angezündet und dürfen vor Tagesanbruch nicht wieder ausgelöscht werden.

5. Die Zuwiderhandlungen gegen die Vorschriften dieses Beschlusses werden den Gesetzen gemäß festgestellt und verfolgt.

Die Bürgermeister haben dafür zu sorgen, daß dieser Beschluß in sämmtlichen Gemeinden unter Trommelschlag verkündet und öffentlich angeschlagen wird.

Die Kreisdirektoren, Kreis-Ingenieure, Bürgermeister und

alle Agenten der öffentlichen Gewalt werden damit beauftragt, die Ausführung dieses Beschlusses zu sichern*.

3. Verordnung des Präsidenten von Lothringen

vom 2. Juni 1872,

betreffend die Pferdeeisenbahnen.

Zur Verhütung von Unglücksfällen, sowie zur Sicherung der öffentlichen Ruhe und Ordnung, bestimme ich für den gesammten Umfang des Bezirks hinsichtlich des Betriebs der Pferdebahnen, was folgt:

1. Der Betrieb der Pferdeeisenbahnen ist den allgemeinen straßenpolizeilichen Bestimmungen unterworfen, insoweit nicht die gegenwärtige Verordnung Abweichungen hiervon bedingt.

2. Die Pferdeeisenbahn-Unternehmer dürfen als Kutscher nur Personen annehmen, welche mit einem von der Polizeibehörde ausgestellten Fahrschein versehen sind.

3. Bedingung für die Ertheilung des Fahrscheines sind: Alter von mindestens 18 Jahren, Nachweis der Tüchtigkeit im Fahren, Nüchternheit und höfliches Benehmen gegen das Publikum.

4. Die Kutscher dürfen nicht schneller als in kurzem Trabe fahren und müssen bei abschüssigen Straßen die Bremse anziehen. Sie müssen alle Vorsicht anwenden, Zusammenstöße mit anderen Fuhrwerken oder Fußgängern zu vermeiden. Vor allen Straßen-Kreuzungen und Biegungen, sowie in anderen geeigneten Fällen, besonders wenn sich Personen, Thiere oder Fuhrwerke auf dem Geleise befinden, haben sie eine langsame Gangart anzunehmen und durch die Signalpfeife zur Aufmerksamkeit und zum Ausweichen aufzufordern.

*Die Geltung der beiden vorstehenden Präfekturbeschlüsse beschränkt sich auf diejenigen Theile des Bezirks Lothringen, welche früher einen Bestandtheil des Mosel-Departements bildeten.

Sie müssen stille halten, wenn die Bahn versperrt ist, oder wenn Fahrgäste aus- oder einzusteigen verlangen.

Bevor der Pferdebahnwagen zum Stehen gebracht ist, ferner an Straßen-Kreuzungen und Biegungen, endlich an der Seite des anderen Geleises bei Ausweichestellen, ist das Ein- oder Aussteigen untersagt.

5. Kutscher wie Schaffner müssen stets mit der polizeilich genehmigten, in gutem reinlichen Zustande befindlichen Livrée bekleidet sein. Auf der letzteren haben sie fortlaufende Nummern zu tragen.

Kutscher wie Schaffner, welche zu begründeten Klagen bezüglich ihrer Nüchternheit oder ihres Benehmens gegen das Publikum Veranlassung geben, sind auf Verlangen der Polizeibehörde aus dem Dienste zu entlassen.

6. Dem Dienstpersonal ist die Annahme von Geschenken und das Rauchen während des dienstlichen Verkehrs mit dem Publikum verboten; desgleichen ist dem Dienstpersonal verboten, Personen, welche wegen eines sichtlichen Krankseins, wegen Trunkenheit, oder wegen anderer Gründe durch ihre Nachbarschaft die Mitreisenden augenscheinlich belästigen würden, zur Fahrt aufzunehmen.

7. Dem Publikum ist das Singen während der Fahrt, sowie das Rauchen im Innern der Wagen untersagt. Den Anordnungen des mit Dienstabzeichen versehenen Dienstpersonals ist das Publikum Folge zu leisten verbunden, widrigenfalls, abgesehen von eventueller gerichtlicher Bestrafung, durch den Schaffner sofort der Ausschluß von der Mitfahrt ohne Anspruch auf Ersatz des Fahrgeldes erfolgen kann.

8. Die zum Dienste der Pferdeeisenbahn verwendeten Pferde müssen kräftig, vollkommen diensttauglich und von schädlichen Fehlern frei, die Geschirre solide, von gutem Ansehen und in gutem Stande sein.

9. Die Wagen der Pferdebahn müssen stets den genehmigten Modellen entsprechen. Sie müssen immer in vollkommen diensttüchtigem Zustande erhalten werden, sauber lakirt, anständig ausgeschlagen und gepolstert, und reinlich gehalten sein.

Jeder Wagen ist mit einer fortlaufenden Nummer zu versehen und es muß an jedem derselben die Zahl der Personen, welche er aufnehmen kann, angeschrieben sein. Ueber diese Zahl hinaus dürfen keine Personen zur Fahrt aufgenommen werden.

Die Wagen müssen hinten und vorne mit hellleuchtenden Laternen versehen sein, welche gleichzeitig den inneren Raum ausreichend beleuchten und nach Außen durch eine rothe Glasscheibe sichtbar sind.

Im Innern jedes Wagens ist der polizeilicher Genehmigung unterliegende Fahrplan und Tarif in den erforderlichen Exemplaren anzuheften.

10. Beim Herannahen eines Pferdebahnwagens ist das von solchen zu befahrende Geleis von Jedermann zu verlassen, beziehungsweise frei zu machen, um den Wagen vollständig freie Passage zu lassen.

11. Niemand darf den Pferdebahnverkehr durch das Ablagern, Aufstellen, Hinlegen oder Liegenlassen von Gegenständen irgend welcher Art hemmen, oder Handlungen vornehmen, wodurch die Benützung der Pferdebahn gestört oder gefährdet werden könnte.

Ebenso ist das Nachahmen der Signale der Kutscher und Schaffner verboten. Das vorsätzliche und rechtswidrige Beschädigen oder Zerstören der Bahn-Anlagen ist durch die §§ 303 und 305 des Strafgesetzbuches mit besonderen Strafen bedroht.

12. Die Bestimmungen des Art. 27 Abs. I, Art. 28, 29, 30, 34 und 39 Abs. I des Dekrets vom 10. August 1852 über die Straßenpolizei und die öffentlichen Fuhrwerke finden auf die Pferdebahnen, deren Wagen und Dienstpersonal, ohne Rücksicht darauf, ob die Bahn auf einer Staatsstraße oder auf einem sonstigen öffentlichen Wege liegt, gleichmäßig Anwendung.

13. Zuwiderhandlungen gegen diese Verordnung werden, soweit nicht nach sonstigen Gesetzesbestimmungen eine höhere

Strafe verwirkt ist, gemäß § 366 Ziffer 10 des Reichs-Strafgesetz-Buches gestraft.

14. Mit der Ueberwachung des Vollzugs werden insbesondere die Polizeikommissare, Schutzmänner, Gendarmen, die Wegemeister und Straßenwärter, sowie außerhalb des Bezirkshauptortes die Bürgermeister beauftragt.

II. Bezirk Ober-Elsaß.

1. Beschluß des Präfekten des Ober-Rhein-Departements

vom 20. März 1852.

Wir Präfekt des Ober-Rhein-Departements,

Auf Grund der Gesetze vom 12.—20. und 16.—24. August 1790 und 28. September — 6. Oktober 1791;

Auf Grund des Kapitel 2, Buch IV Code pénal;

In Erwägung, daß aus den uns zugekommenen Berichten erhellt, daß die Reglements, welche die Sicherheitspolizei auf den Straßen und Wegen betreffen, in vielen Orten nicht beobachtet werden; daß es daher nöthig erscheint, dieselben von Neuem zu veröffentlichen,

Beschließen:

Art. 1. Die Frachtfuhrleute, Kärrner und Führer von Wagen jeder Art oder von Last- oder Zugthieren müssen sich beständig in der Nähe ihrer Pferde halten und zwar so, daß sie im Stande sind, sie zu lenken; sie müssen gegenüber allen anderen Fuhrwerken stets nach der rechten Seite hin ausweichen und dabei mindestens die Hälfte der Straßen, Landstraßen, Heerstraßen und Wege freilassen. Diese Vorschrift erleidet auch Anwendung auf die Treiber von Ochsen- oder Schaafheerden.

2. Es ist den Frachtfuhrleuten, Kärrnern, sowie allen andern Personen ausdrücklich verboten, ihre Pferde mit einem Leitseile zu führen: sie müssen sich stets doppelter Zügel bedienen.

3. Die Hunde von Personen, deren Wohnungen an öffentlichen Straßen und Wegen liegen, müssen während des Tages entweder angebunden, oder mit einem Maulkorbe versehen sein, damit dieselben nicht die Reisenden, die Gespanne und Zug- oder Lastthiere anfallen oder verfolgen können.

4. Es ist verboten, Steine, Schneeballen oder andere Wurf-

gegenstände gegen Gespanne und Zug- oder Lastthiere, welche auf einem öffentlichen Wege verkehren, zu werfen.

Die Eltern sind für die Zuwiderhandlungen ihrer Kinder verantwortlich.

Die Lehrer werden insbesondere beauftragt, ihren Zöglingen die nöthigen Anempfehlungen einzuschärfen.

5. Jede Uebertretung der Vorschriften oder Verbote der Art. 1, 2, 3 und 4 wird durch Protokoll festgestellt und den Polizeigerichten zur Aburtheilung überwiesen.

6. Die Kreisdirektoren, Bürgermeister, Gendarmerie-Wachtmeister, Polizeikommissare, Kreis-Ingenieure, Wegemeister, Feldhüter und Forstschutzbeamten werden damit beauftragt, die Ausführung dieses Beschlusses, welcher in der Sammlung der Präfekturbeschlüsse abgedruckt wird, zu sichern; die Bürgermeister haben dafür zu sorgen, daß dieser Beschluß in sämmtlichen Gemeinden des Departements während drei aufeinanderfolgenden Wochen veröffentlicht und an der Thüre des Gemeindehauses angeschlagen wird.

2. Beschluß des Präfekten des Ober-Rhein-Departements vom 29. Mai 1858.

Wir Präfekt des Ober-Rhein-Departements,

Auf Grund des Gesetzes vom 30. Mai 1851 und der Kaiserlichen Verordnung vom 10. August 1852 und 24. Februar 1858, über die Polizei des Fuhrwesens;

Auf Grund des Berichtes des Ober-Ingenieurs des Departements vom 12. April letzthin,

Beschließen:

Art. 1. Kein Privatfuhrwerk, welches zur Beförderung von Personen dient, darf während der Nacht auf Staats-, Bezirks- oder Vicinalstraßen I. Classe fahren, ohne mit einer angezündeten Laterne versehen zu sein.

2. Wenn ein Frachtfuhrwerk einen untheilbaren Gegenstand trägt, so wird dasselbe, wenn der Gegenstand über 6 Meter lang

ist, bei der Zusammensetzung eines Wagenzuges stets für zwei zweispännige Wagen gerechnet.

3. Die Zuwiderhandlungen gegen obige Vorschriften werden nach den Bestimmungen des Gesetzes vom 30. Mai 1851 festgesetzt, verfolgt und bestraft.

4. Der vorliegende Beschluß wird in der Sammlung der Präfekturbeschlüsse abgedruckt; die Bürgermeister haben dafür zu sorgen, daß er in allen Gemeinden des Departements veröffentlicht wird.

Straßburg, Druck von G. Fischbach. — 2063.

FSC
www.fsc.org
MIX
Papier | Fördert
gute Waldnutzung
FSC® C083411

Kolibri 360 GmbH
Ferdinand-Jühlke-Straße 7
99095 Erfurt, Deutschland
produktsicherheit@kolibri360.de